RÉPUBLIQUE FRANÇAISE



# CONSTITUTION

D'UN

# MAJORAT DU TRAVAIL

## OU PROPRIÉTÉ D'UNION

## PROJET DE LOI

ADRESSÉ A MESSIEURS LES MEMBRES DE L'ASSEMBLÉE NATIONALE

PAR

M. DELAVAULT (DE GENAY).

« *Spectemur agendo.* »



PARIS

IMPRIMERIE ADMINISTRATIVE DE PAUL DUPONT

RUE JEAN-JACQUES-ROUSSEAU, 41.

—

1871

# UN MOT D'INTRODUCTION

Les réformateurs du XIXe siècle, comme les appelle Louis Reybaud, ont tous pris la parole au nom du travailleur opprimé.

Le fardeau que la nécessité de vivre a rivé aux épaules de celui-ci, s'en est-il allégé d'un gramme?

Non.

D'ou vient donc l'insuccès de la plaidoirie puisque la cause du client était si juste ?

Tout simplement, de ce que les penseurs qui s'étaient constitués d'office, les avocats du travail n'ont pas su borner à de justes limites les prétentions fondées de leur client.

Pour avoir trop voulu, on ne leur a rien accordé.

Saint-Simon, Fourier disaient à la société : si tu veux payer ta dette au travailleur, équitablement, détruis la propriété, détruis la famille.

Cabet se contentait du sacrifice de la propriété. Je ne parle pas de M. Louis Blanc, qui ne demandait rien de particulier, mais qui compliquait tout et devenait par suite aussi difficile à satisfaire que ses devanciers ou rivaux.

Quant à P.-J. Proudhon, il se bornait, par amour de l'égalité à demander pour tous, *les travaux forcés à perpétuité* (1).

Encore une fois c'était aller trop loin.

Si sous le prétexte, fondé je l'admets, que la maison des Rothschild doit à Pierre une somme quelconque, ce créancier leur imposait d'abord de détruire le mécanisme d'organisation de leur maison de Banque, croit-on qu'il serait fait bénévolement droit à une pareille prétention?

Non.

L'organisation sociale, si défectueuse qu'elle paraisse, est autrement précieuse que celle d'une maison de Banque, d'une entreprise quelconque, qu'on y songe.

En elle réside toutes les forces, tous les trésors que

---

(1) La suppression de l'intérêt de l'argent que demandait P.-J. Proudhon ne laissait, en effet, d'autre perspective à la société que d'épuiser son épargne par ses dépenses, sans pouvoir la rétablir autrement qu'en travaillant. Mais travailler, dans ce cas, n'est-ce pas ajouter indéfiniment de nouveaux éléments d'avilissement au prix des choses? Quand il y a pleine récolte partout, que se vendent les denrées? Presque rien. Imagine-t-on une pleine récolte de tabatières ou de tambours de Basque chaque année? Et, croit-on que les citoyens qui en seraient producteurs en tireraient de quoi vivre? On écrirait un volume sur cette question, du trop ou du trop peu, qu'on ne l'épuiserait pas.

Au reste, P.-J. Proudhon n'a jamais nettement établi, malgré ses vingt-huit volumes, quelle influence aurait, sur le bien-être de l'ouvrier, cette adjonction forcée de concurrents producteurs à l'industrie ordinaire; c'est cependant le seul reproche qu'on devrait ne pas pouvoir adresser à cet auteur.

(*Note de l'auteur.*)

les civilisations anciennes, nos institutrices, nous ont légués; des traditions dont la chaîne non interrompue s'étend à toute l'Europe sur tous les points du monde civilisé et qui sont la gloire du genre humain tout entier, la preuve évidente de sa perfectibilité indéfinie, et, font à ce point corps avec elle, qu'on ne pourrait y toucher sans la réduire en poussière, et livrer l'avenir des générations présentes aux plus épouvantables périls, aux plus désastreuses catastrophes.

Conservons donc la société telle que nous l'avons reçue de nos pères, et n'ayons pas l'outrecuidance de croire qu'il nous serait possible de la remplacer en quelques jours, en quelques heures. Elle comporte des abus? Armés du suffrage universel, éclairés par de douloureuses déceptions, forts de notre dévouement à la vérité, travaillons hardiment à les extirper, comme à favoriser le développement de tout ce qu'elle contient de juste.

Et je conclus, et dis que Saint-Simon, Fourier, Cabet et P.-J. Proudhon le fédéraliste convaincu, ont bien plutôt compliqué la question du travail avec leurs théories qu'ils n'ont réussi à la simplifier et à en préparer la solution.

Là où ces ingénieux et profonds esprits ont échoué, obtiendrais-je un meilleur résultat?

Je l'ignore, et ne m'en préoccupe pas.

Ou, le mécanisme d'ordre et de stabilité que je propose d'introduire dans nos institutions au profit de ceux qui vivent de la propriété mobilière : industriels, commerçants, ouvriers, ouvrières, commis etc., sera jugé propre à consolider cette propriété, ou il sera reconnu inutile. Dans le premier cas, ceux dont il servira les intérêts sauront bien le faire adopter, et, dans le second, j'avoue ne me sentir aucune disposition à vouloir le bien des gens malgré eux.

DELAVAULT (DE GENAY).

## CONSIDÉRATIONS PARTICULIÈRES

A chacun la faculté d'exercer sa profession avec sécurité, cela est juste ; à l'ouvrier son métier, aux commerçants et aux industriels les soucis, mais aussi les profits de leurs affaires.

***

Les associations ouvrières ont été fort encouragées sous le dernier gouvernement et elles tendent tous les jours à se multiplier : ont-elles jamais créé un nouveau consommateur?

Si cela m'était démontré je croirais volontiers à leur efficacité sur le sort du travailleur; mais, jusque-là, je prétends qu'elles ne sont propres qu'à déplacer les spécialités, à en ruiner quelques-unes et à pousser à l'avilissement des salaires.

***

Qu'est-ce que la société gagne à ce que Paul ruine Pierre, ou que Pierre ruine Paul, rien, si ce n'est à se faire taxer d'incurie; mais quand ces deux rivaux stimulés par l'éperon de la concurrence réussissent à satisfaire leur clientèle et à donner de bonnes journées à leurs collaborateurs de l'atelier, tout est pour le mieux.

***

Pour que le travailleur reste attaché à sa profession et l'exerce joyeusement, il faut qu'il dispose d'une force qui le mette toujours à même de braver l'avenir et lui permette de vieillir sans être fasciné, découragé par le cauchemar hideux de la misère.

Il faut, je le répète, que l'ouvrier, le commis, les ouvrières, demoiselles de magasins et apprentis des deux sexes, par une loi réglant des faits pratiques, loi de salut appuyée d'un capital puissant, tous n'aient plus à redouter le chômage et ses découragements, et qu'avec le temps ils demeurent assurés qu'ils pourront un jour compter sur un repos honorable exempt des angoisses du lendemain.

* * *

Longtemps j'ai suivi à la piste cette vérité enfin saisie, formulée : je la donne au peuple avec la confiance qu'avec elle ses légitimes aspirations à une vie plus heureuse peuvent être satisfaites.

* * *

Autrefois, sous l'ancien régime, les rois constituaient des majorats à leurs favoris, à leurs bâtards et à leurs bâtardes, ou redoraient par ce commode procédé dont le peuple payait le coûteux emploi, de certaines grandes maisons nobles en décadence.

* * *

Le chef du premier empire reniant son origine, restaura ces vétustés qu'avait anéanties notre grande révolution. Seulement il eut le bon esprit de borner la folie des vanités de son temps pour les titres, en leur imposant l'obligation d'en faire les frais ; sa générosité se borna à consentir la substitution des biens nécessaires à l'érection des majorats, sans charger l'Etat d'aucun sacrifice, et il n'avait pas tort.

* * *

Le neveu trouva l'oncle un peu chiche des deniers publics ; il reprit les vieilles traditions du bon plaisir ; mais, la Chambre ne partagea pas toujours l'engouement de César pour ses favoris : et le camouflet qu'elle eut le courage de lui appliquer à propos du majorat Palikao lui est resté longtemps sur le cœur.

*
* *

Il est vrai qu'une participation occulte, escomptée aussitôt qu'imposée, dans une bonne exploitation de mines ou de chemins de fer, ou encore dans une de ces grandes sociétés privilégiées à centaines de millions permettait facilement de retrouver la partie substantielle, essentielle des majorats malmenés ; une fois la table bien garnie, alors paraissait le décret faisant connaître l'heureux mortel en l'honneur duquel on avait eu tant de peine à la dresser.

*
* *

Et voilà comment, malgré notre immortelle révolution, les divers chefs de gouvernement que la France a tour à tour acceptés, renversés ou subis depuis soixante ans, sont tous parvenus à fortifier la fortune de leurs créatures aux dépens des ressources de la nation ; qu'est-ce que cet argent, y compris le milliard des émigrés, a rapporté de glorieux, de fécond au pays ?

Nous le voyons, l'invasion et la ruine.

*
* *

Croit-on que nous en serions là si ces mêmes capitaux avaient été concédés au travail ?

Que les restaurateurs de monarchie, la main sur la conscience, nous répondent, s'ils l'osent.

*
* *

Dans le passé, ces pratiques monarchiques ont peut-être eu leur utilité, comme ressort d'émulation, comme élément d'un prestige alors nécessaire au pouvoir pour dominer ses envieux, et je ne prétens pas que la société doive, aujourd'hui, s'en priver absolument, si ses législateurs y voient des inconvénients ; mais nous mettons cette condition à leur conservation, c'est que titre et propriété, après décès de celui qui les aurait mérités, devraient être réunis à la chancellerie des titres et au domaine de l'État.

***

Le majorat du travail, conception républicaine, ne comporte aucun titre, aucun privilége, en faveur d'aucune personnalité, d'aucune famille, il profite à tous ; c'est la propriété, ciment fondamental et social, étendue dans son élasticité féconde, suivant les besoins, par la société elle-même à ses enfants les plus infimes, en vue de leur témoigner visiblement qu'elle entend désormais avoir souci constant de leur bien être et de leur dignité.

C'est un outil puissant, qui porte en lui son organisme de précision délicate, préhensive ; il solidarise, réconcilie les deux grands antagonismes qui se disputent la direction suprême du monde moderne ; travail, capital ; il les rapproche, les cohésionne pour le salut des intérêts qu'il représentent, mais sans rien ôter aux personnes de leur liberté, sans heurter leur initiative, et surtout sans attenter jamais aux droits acquis : respectant tout ce que la société vénère : famille, propriété, sécurité, liberté.

***

Et maintenant que tes législateurs décident, peuple souverain dont j'ai voulu compléter, rendre la souveraineté plus robuste ; mais si tu tiens à ce qu'elle parvienne à son entier épanouissement, souviens-toi de conserver debout, vivantes, les deux gloires reconquises par notre patrie dans sa détresse : la République et la liberté.

Je n'ai pas d'autres vœux à former pour ton salut.

DELAVAULT (DE GENAY).

LE PROJET DE LOI SUIVANT A ÉTÉ ADRESSÉ AUX MEMBRES DE L'ASSEMBLÉE NATIONALE.

---

## A Messieurs les Membres de l'Assemblée nationale.

LE SOUSSIGNÉ,

Considérant que le travail, l'industrie et le commerce sont les facteurs et les répartiteurs par excellence de toute aisance, bien-être ou richesse dans la société ;

Considérant que l'arrêt, même momentané, général ou partiel de l'action de ces grandes forces, qui doit demeurer permanente pour être toujours féconde, tend à saper, quand il se produit, l'autorité des principes supérieurs de liberté, de sécurité et de moralité, bases essentielles de l'ordre social ;

Considérant qu'il est urgent de rouvrir aux ouvriers les manufactures et ateliers, tant de Paris que de la province, que la guerre funeste qui vient de dévaster notre pays tient depuis si longtemps fermés ;

Vu la gravité des circonstances ;

Vu l'instabilité inouïe à laquelle l'état incomplet de notre législation sur la propriété mobilière voue fatalement le commerçant, l'industriel, l'avenir du travailleur français ;

Plaise à l'Assemblée nationale couvrir de sa sanction souveraine le projet de loi suivant :

## PROJET DE LOI.

Article premier. — Il est constitué un Majorat d'une valeur d'un milliard, dit Majorat du travail ou Propriété d'union, dont capital et intérêts sont à la charge de l'État.

Art. 2. — Les fonds composant la propriété de ce Majorat seront formés au moyen d'une émission progressive de rentes 3 0/0 français.

Art. 3. — La propriété de ce Majorat appartient en propre à tous les travailleurs français, commis, ouvrières, demoiselles de magasin et apprentis des deux sexes dont les noms, âge, profession et domicile figureront sur les registres du syndicat local de leur spécialité; elle est indivisible, perpétuelle et inaliénable: mais, par dérogation aux lois sur la matière, elle sera employée en prêts à l'industrie et au commerce français en général, dans les conditions fixées par l'article 16 de la présente loi.

Art. 4. — Le capital du Majorat du travail sera déposé à la Banque de France ; tant que cette institution conservera les titres de rentes composant ce capital, dans ses caisses, elle en détachera et touchera les coupons à son profit.

Art. 5. — La Banque de France, contre le dépôt de ce capital, s'obligera à verser en ses billets, à l'administration du Majorat, toutes les sommes que celle-ci pourra lui demander.

**Siége central du Majorat du travail. — Composition de son Conseil d'administration.**

Art. 6. — Le siége central du Majorat du travail est à Paris.

Art. 7. — Le Conseil d'administration du Majorat du travail sera de soixante membres, dont trente membres nommés par les syndicats des ouvriers, des ouvrières et des employés de Paris ; de quinze industriels et de quinze négociants ou marchands nommés par leurs chambres syndicales respectives.

Le Conseil nomme son Président, ses Vice-Présidents et ses Secrétaires.

Art. 8. — Ce nombre de soixante membres pourra être augmenté suivant les besoins.

Art. 9. — Les fonctions de membres du Conseil d'administration sont rémunérées au moyen de 1 0/0 des fruits annuels du Majorat.

Art. 10. — Elles consistent, d'abord : à dresser le règlement d'administration du Majorat ; à délimiter soigneusement chaque fonction de l'ensemble spécial, composant chacun des services administratifs du Majorat, à fixer le nombre d'employés à attacher à chaque service, le nombre de succursales à créer en province, le meilleur mode de répartition des fruits du Majorat aux ayants droit ; à administrer avec prudence et économie les capitaux du Majorat et à tenir un registre régulier de tous les actes relatifs à sa gestion.

Art. 11. — Les membres du Conseil n'encourent aucune responsabilité matérielle à raison de leurs fonctions; ils se réunissent tous les jours au siége du Majorat.

ART. 12. — L'initiative de l'administration du Majorat appartient au président élu; il pourra toujours déléguer ses pouvoirs à un des membres du Conseil.

ART. 13. — Le Conseil est renouvelable tous les ans, par tiers; les membres sortants sont désignés par la voie du sort.

ART. 14. — Tous les mois, le Conseil d'administration fera publier un bilan des opérations du Majorat du travail signé du Président du Conseil et adressé à tous les syndicats ouvriers, et chambres syndicales, commerciales et industrielles.

ART. 15. — Le Ministre du commerce est Président d'honneur du Conseil d'administration du Majorat.

### Emploi du capital du Majorat. — Garantie du Majorat vis-à-vis des emprunteurs.

ART. 16. — Le capital du Majorat sera prêté au commerce et à l'industrie exclusivement, et dans les conditions suivantes :

1° Tout industriel, négociant, marchand, etc., ayant besoin de capitaux, adressera au siége principal de l'administration du Majorat une demande fixant la somme à obtenir à titre de prêt.

2° Un état de l'actif et du passif du demandeur devra toujours être annexé à sa demande et certifié par lui sincère et véritable.

La demande portera en outre déclaration formelle des créanciers du demandeur, par laquelle ils s'engageront à garantir au Majorat l'emprunt de leur débiteur (1). Aucun prêt ne peut dépasser le passif justifié de tout demandeur.

Art. 17. — Dans la huitaine pour Paris, dans les vingt jours pour la province, les demandes de prêt devront être répondues par l'administration du Majorat.

Art. 18. — Toute réponse négative contient la demande repoussée.

Art. 19. — Toute réponse affirmative fixe la durée du prêt, son importance, le taux auquel il est consenti; indique les signatures choisies par le Majorat parmi les créanciers signataires de la demande de prêt, pour figurer sur les valeurs à lui souscrire en couverture dudit prêt, avant sa délivrance définitive à l'emprunteur.

Art. 20. — En outre de l'intérêt du prêt, une commission est due annuellement par l'emprunteur à l'administration du Majorat jusqu'à parfait payement de son emprunt; elle ne pourra être inférieure à 1/4 0/0 du montant dudit prêt.

Art. 21. — Un fonds de réserve, pour couvrir le Majorat des pertes qu'il pourrait essuyer par suite des opérations susindiquées, sera constitué.

Art. 22. — La moitié des commissions perçues annuellement, conformément à l'article 20, servira à l'alimentation de ce fonds de réserve.

---

(1) En matière de commerce, la personne morale même du débiteur répond au créancier du crédit qu'il a accordé.

Le jour où le créancier ne fait plus cas de ce gage supérieur, il est évident que la solvabilité du débiteur a cessé d'exister ; c'est pourquoi le Majorat du travail ne consent aucun prêt à aucun débiteur isolé, c'est-à-dire privé de la garantie de ses créanciers. (*Note de l'auteur.*)

**Répartition des fruits du Majorat.**

Art. 23. — 80 0/0 des fruits du Majorat (intérêts de ses prêts) seront répartis sur les indications fournies sur la demande du Conseil, par les syndicats des ayants droit, ou laissés en compte courant et productifs d'intérêt à leur profit, à la caisse du Majorat.

Art. 24. — Les 20 0/0 restants serviront à développer les industries que le Conseil d'administration aura reconnu présenter des avantages sérieux et importants pour les intérêts des travailleurs.

**Rapports du Majorat avec la Banque.**

Art. 25. — Les rapports du Majorat avec la Banque de France pour prise de capitaux s'opéreront au moyen des chèques du Majorat.

Art. 26. — Les chèques du Majorat pour être acceptés par la Banque devront, outre la somme demandée qui sera exprimée en toutes lettres, porter la signature d'un des Vice-Présidents, du Secrétaire et du Caissier du Majorat.

**Dispositions transitoires.**

Art. 27. — Aucun changement ne pourra être apporté à la présente loi sans que les syndicats des ouvriers, du commerce et de l'industrie, n'aient été préalablement consultés.

Paris, ce 20 mars 1871.

DELAVAULT (DE GENAY),
Électeur du 3e arrondissement.

Paris. — Imp. Paul DUPONT, rue Jean-Jacques-Rousseau, 41. — 780.3.1

www.ingramcontent.com/pod-product-compliance
Ingram Content Group UK Ltd.
Pitfield, Milton Keynes, MK11 3LW, UK
UKHW021119290826
14628UKWH00014B/3100